Tanja Landwehr

Die Bürstner Omi

und das neue Leben

Ein alter Wohnwagen auf erster großer Fahrt

VERLAG ESE

Tanja Landwehr

1974 im Emsland geboren, verheiratet und fünffache Mama, erfüllte sich die Autorin Anfang 2023 ihren Traum. Mit ihrem Mann und der jüngsten Tochter zog sie dorthin, wo die Familie seit Jahren schon Urlaub macht: an die Nordseeküste ins schöne Ostfriesland, zwischen Esens und Bensersiel.

Camping war schon immer die große Leidenschaft der Familie. Ihr Wohnwagen – die Bürstner Omi, die es wirklich gibt! – stand viele Jahre während der Sommersaison auf dem Campingplatz am Strand von Bensersiel.

Dort entstand auch die Idee zu dieser Buchreihe.

Neben dem Schreiben und Illustrieren ist das Umgestalten von alten Wohnwagen (und auch Wohnräumen) immer schon ein Hobby der Autorin gewesen.
Daher verwundert es auch nicht, dass die Bürstner Omi so gar nicht mehr wie eine Omi aussieht.

Sie steht nun, anstatt auf dem Campingplatz, im Garten der Familie.
Liebevoll renoviert und hergerichtet, erstrahlt sie jetzt nordisch frisch – und lädt als Rückzugsort zu gemütlichen Stunden ein.

Impressum:

Verlag:	Enno Söker, Marienkamper Straße 1, 26427 Esens, Tel. 0 49 71 / 91 05-0 info@soeker-druck.de, www.soeker-druck.de
Layout, Satz und Umschlaggestaltung:	Verlag Enno Söker, 26427 Esens
Text und Illustrationen:	Tanja Landwehr. Autorenfoto: privat
Druck und Gesamtherstellung:	Druckerei & Verlag Enno Söker, 26427 Esens
1. Auflage:	November 2023

ISBN: 978-3-941163-42-3

Die Familie

Guten Tag! Wir sind die Familie Lindwehr und stolze Besitzer der Bürstner Omi. Gemeinsam mit ihr erleben wir aufregende Ferienabenteuer. Damit Du uns besser kennenlernst, stellen wir uns kurz vor, ehe die Geschichte losgeht.

Also: zur Familie gehören …

Papa Paul,
Mama Maike,

die elfjährigen
Zwillingsmädchen
Anni und Alma

sowie die Jungs
Piet und Pepe,
sieben und zwei
Jahre alt.

Inhalt

Ein Extra für alle Fans der Bürstner Omi:

Die Hörfassung dieses Buches, vorgelesen von Autorin Tanja Landwehr. Einfach den QR-Code scannen – und gespannt zuhören. Viel Spaß dabei!

Omi und Knolle

Es war Freitagabend. Der Tag war grau und wolkenverhangen gewesen. Immer mal wieder hatte es geregnet. Und auch jetzt, wo für den Wohnwagenhändler Werner Worowski ein langer und anstrengender Arbeitstag zu Ende ging, schien es nicht mehr lange zu dauern, bis der Himmel wieder seine Schleusen öffnete.

Werner Worowski hatte seine Angestellten schon vor Stunden in den Feierabend geschickt. In der Werkstatt war daher alles dunkel, ebenso in den Verkaufsräumen.

Der Wohnwagenhändler hatte im Büro noch die Abrechnung gemacht, da seine Sekretärin Hildegard krank war. Gähnend zog er nun die Bürotür hinter sich zu. Er schloss ab und wollte zu seinem Wohnhaus gehen. Dieses grenzte direkt an die Geschäftsräume.

Er freute sich auf einen entspannten Restabend mit seiner Frau, die bestimmt schon mit dem Abendessen auf ihn wartete. Er schaute hinauf in den Himmel und bekam – platsch! – den ersten Regentropfen ab. „Nun aber schnell nach Hause“, dachte er bei sich. Dann horchte er auf. Er vernahm ein leises Flüstern aus Richtung der Wohnwagen und ging nachsehen.

„Na, was ist denn hier los?“, wollte er wissen, als er vor seiner Bürstner Omi stand, dem mit Abstand ältesten Wohnwagen auf dem Verkaufsgelände.

Die Omi war so vertieft in ein Gespräch, dass sie ihn gar nicht bemerkte. Vor Kurzem hatte sie endlich eine Familie gefunden, die sie gekauft hatte. Morgen sollte sie abgeholt werden. „Entschuldigung, Herr Worowski, ich konnte nicht schlafen und Knolle auch nicht."
Sie sah zu dem goldbraunen Wohnwagen, der neben ihr stand und ihr nickend zustimmte. Seine große Nase glich tatsächlich einer Knolle. Auch er sollte morgen das Verkaufsgelände verlassen und von einem netten älteren Ehepaar mitgenommen werden.

Diese freuten sich schon sehr darauf, mit ihm in die Berge fahren zu können. „Wir sind beide so aufgeregt, freuen uns auf morgen, sind aber auch etwas traurig, weil wir uns vielleicht nie wiedersehen werden", entschuldigte Knolle sich. „Ihr Menschen habt es da schon einfacher", ergänzte die Bürstner Omi. „Ihr habt Handys, könnt Nachrichten verschicken und so in Kontakt bleiben."
Werner Worowski überlegte. „Vielleicht ist es ja möglich, dass eure neuen Familien ihre Nummern austauschen. So könnt ihr euch zwischendurch hören oder sehen. Ich werde mich morgen erkundigen, ob eure Käufer einverstanden sind. Morgen!", betonte er. „Für heute ist Schluss. Ich muss mich beeilen, sonst werde ich richtig nass. Der Regen wird stärker."
Der Wohnwagenhändler mahnte die Omi und Knolle zur Ruhe und eilte dann schnellen Schrittes zu seinem Wohnhaus, wo er hinter der Tür verschwand.

Verletzte Omi

Es dauerte nicht lange, da fielen der Bürstner Omi und ihrem Freund Knolle die Augen zu. Plötzlich schreckten alle Wohnwagen auf dem Platz hoch, waren mit einem Schlag hellwach. Ein ohrenbetäubender Knall hatte sie aus ihren Träumen gerissen. Es war windig geworden und der Regen prasselte lautstark auf die Wohnwagendächer. Ein wildes und aufgebrachtes Durcheinander an Wohnwagenstimmen war zu hören.

Die Bürstner Omi riss erschrocken die Augen auf, wusste erst gar nicht, was los war, aber irgendetwas stimmte nicht. Sie fühlte sich merkwürdig schwer.
„Knolle, Knolle, was ist passiert?" Ihr Freund, der selbst noch völlig durcheinander war, schaute sie an und machte im nächsten Moment ein betroffenes Gesicht, ebenso wie die anderen Wohnwagen, deren Augen nun auf sie gerichtet waren.
„Was ist los, warum guckt ihr alle so?

Mir ist irgendwie so komisch und schwindelig. Außerdem tut mein Dach weh."
Knolle verstand kaum ein Wort und musste gegen den lauten Regen und den heulenden Wind anbrüllen. „Bleib ganz ruhig, Omi. Ich glaube, Herr Worowski ist schon unterwegs. Im Haus ist das Licht angegangen. Ja, da kommt er schon!"

Angst und Panik krochen in der Bürstner Omi hoch. Warum wollte Knolle ihr nicht sagen, was passiert war? Und es war etwas passiert, das spürte sie.

Werner Worowski war tatsächlich von dem lauten Knall geweckt worden. Und nachdem er hörte, dass seine Wohnwagen in heller Aufregung zu sein schienen, warf er eilig seinen Regenmantel über, schlüpfte in die Gummistiefel, die in der Waschküche standen, und hastete voller Sorge nach draußen.

Der Wind schlug ihm direkt entgegen und der Regen peitschte ihm von vorne ins Gesicht, sodass er kaum noch etwas durch seine Brille sehen konnte.

Der Bewegungsmelder ging an, als er sich seinen Wohnwagen näherte, und erleuchtete den Platz im Nu.

Was war passiert?

Beim Platz angekommen, hörte Werner Worowski seine Wohnwagen schon rufen. „Die Omi, sie hat es erwischt! Ihr Dach!“ Dem Wohnwagenhändler bot sich ein erschreckendes Bild.

Auf dem Dach der Bürstner Omi lag ein großer Ast. Er musste bei dem Wind aus dem Baum gebrochen sein, der hinter ihr stand. Möglicherweise war er vorher schon morsch gewesen und niemand hatte es bemerkt. Nun war er, begleitet von allerlei kleinen Zweigen und reichlich Blättern, auf den alten Wohnwagen gefallen. Der Regen lief in Sturzbächen seitlich an der Bürstner Omi herunter. Sie stand, wie die anderen Wohnwagen auch, in mittlerweile riesigen Pfützen.

In ihre Augen trat Wasser. Dieses kam allerdings nicht vom Regen. Die Omi war den Tränen nahe. „Herr Worowski, gut, dass sie da sind“, schniefte sie. „Helfen sie mir, ich glaube, ich bin verletzt.“

„Ja, ich bin da, hab keine Angst“, rief der Wohnwagenhändler gegen die Geräusche des lauten Regens und des Windes an. „Ein dicker Ast hat dich getroffen. Ich werde es mir mal genauer ansehen.“ Werner Worowski rannte zur Werkstatt und kam kurze Zeit später mit einer Leiter zurück.

Er lehnte sie an den Wohnwagen, stieg die Stufen hoch und kletterte auf das Dach. „Mir ist schlecht", jammerte die Omi. „Ob ich eine Gehirnerschütterung habe, Herr Worowski?" „Dacherschütterung trifft es wohl eher!", rief er zu ihr herunter. „Das muss wirklich ganz schön geruckelt haben bei dir."

Der Wohnwagenhändler musste aufpassen, dass er nicht herunterfiel. Durch den Regen und das Laub war es ziemlich rutschig auf dem Dach der Bürstner Omi. Außerdem zitterte diese vor Angst und Aufregung. „Bitte, Herr Worowski, was fehlt mir? Können Sie etwas erkennen? Habe ich ein Loch im Dach? Ist etwas kaputt gegangen, kommt irgendwo Wasser durch?" „Nun mal langsam, Omi. Ich muss mir erst einmal einen Überblick verschaffen. Ich werde versuchen, den schweren Ast vorsichtig herunterzuschieben. Also bleib ganz ruhig, halt die Luft an. Es ist gleich vorbei."

Mit aller Kraft schaffte es Werner Worowski tatsächlich, die Bürstner Omi von dem schweren Ast zu befreien. Dieser schlug dumpf auf dem Rasen auf. Es folgten kleinere Zweige und Blätter. „Und?", wiederholte die Omi ungeduldig, „Können Sie etwas erkennen?"

Das Ausmaß

Der Wohnwagenhändler untersuchte das Dach genau. Er konnte auf den ersten Blick keinen Schaden feststellen. Möglicherweise hatte der Ast ein paar Kratzer verursacht, über die er mit seiner Hand strich, um festzustellen, wie tief sie in das Blech reichten. Er schaute sich die Stellen von allen Seiten an. „Und?“, fragte die Omi noch einmal und wurde immer ungeduldiger.

„Soweit ich das sehen kann, ist alles gut. Du hast ein paar Kratzer, die aber wohl nicht sehr tief sind. Also alles in Ordnung.“ „In Ordnung?“ Die Omi fand das alles andere als in Ordnung. Sie brach in Tränen aus. „Ob Familie Lindwehr auch eine Omi mit Kratzern auf dem Dach haben will? Was, wenn sie mich so nicht mögen?“
Werner Worowski stieg die Leiter hinunter und kontrollierte zur Sicherheit den Wohnwagen auch von Innen. Er untersuchte jede Ecke, um sicherzugehen, dass nicht doch irgendwo eine undichte Stelle wäre.

Dann gab er Entwarnung. „Du hast Glück gehabt, Omi. Bis auf die paar Kratzer auf dem Dach ist es gut gegangen. Morgen früh bei Tageslicht werden wir nochmal alles kontrollieren. Die Wettervorhersage sieht gut aus. Die Sonne soll scheinen. Bis die Lindwehrs kommen und dich mitnehmen, bist du wieder blitzblank. Und sie werden dich mitnehmen, weil sie dich in ihr Herz geschlossen haben. Hör endlich auf zu zweifeln."

Die Bürstner Omi sah ein, dass Werner Worowski eigentlich recht hatte. Nun meldete sich auch Knolle wieder zu Wort. Er versprach, in der Nacht besonders auf die Omi aufzupassen und sofort Bescheid zu geben, sollte noch irgendetwas sein.

Der Wohnwagenhändler richtete nun das Wort an die anderen Wohnwagen.
„Ich möchte, dass ihr alle nun eure Augen zumacht und noch etwas schlaft.
Wind und Regen haben zum Glück nachgelassen. Ich möchte morgen früh keine müden und gähnenden Wohnwagen sehen. Was macht das denn für einen Eindruck bei der Kundschaft? Und damit ich morgen auch fit bin, werde ich nun ebenfalls versuchen, mich noch etwas aufs Ohr zu legen."

So kehrte Werner Worowski seinen Wohnwagen den Rücken und ging. Kurze Zeit später erlosch der Scheinwerfer des Bewegungsmelders ebenso wie das Licht im Haus des Wohnwagenhändlers. Es wurde still auf dem Platz der Campingwelt.

Raus aus den Betten

Es war noch früh am Morgen und noch nicht einmal ganz hell. Man konnte nur erahnen, dass heute ein schöner sonniger Tag bevorstand. Im Hause Lindwehr war noch alles ruhig. Doch halt, was war das? Wenn man genau hinhörte, konnte man das Geräusch von kleinen Kinderfüßchen wahrnehmen, die über den Holzfußboden oben im Flur des Hauses tapsten.

Es war der siebenjährige Piet, der anscheinend beschlossen hatte, den Tag schon um diese Uhrzeit zu beginnen und dies seinen Eltern auch mitzuteilen. Er öffnete die Schlafzimmertür und schlich zu seiner Mama, die noch tief und fest schlief. Erst ganz sanft versuchte er, sie zu wecken, indem er ihr Gesicht kitzelte. Nachdem sie nicht reagierte, schüttelte er sie etwas heftiger. Als das immer noch keinen Erfolg zeigte, war es mit Piets Geduld vorbei, sodass er nur noch ein lautes „Maaamaa, aufstehen!“ in ihr Ohr brüllte.

„Piet, was ist passiert?“, wollte die noch völlig verschlafene Maike Lindwehr wissen. Auch Paul Lindwehr schaute den Jungen ganz entgeistert und leicht durcheinander an. „Ihr müsst euch anziehen, wir müssen die Bürstner Omi holen. Sie wartet bestimmt schon auf uns.“

„Ach Piet, doch nicht um diese Zeit. Sie schläft doch noch. Es ist viel zu früh“, erklärte Papa Paul. „Leg dich noch etwas hin und versuche, weiter zu schlafen.“ Piet machte ein enttäuschtes Gesicht und dachte nicht daran, noch einmal zurück ins Bett zu gehen. Er war hellwach und viel zu aufgeregt. Da schien er offensichtlich nicht der Einzige zu sein, denn nun steckten auch die elfjährigen Zwillingsmädchen Anni und Alma ihre Köpfe durch die Schlafzimmertür.

„Okay, okay, ihr habt gewonnen“, sagte Mama Maike und krabbelte aus dem Bett. Sie sah wirklich noch sehr müde aus mit ihrem zerstrubbelten Haar und den kleinen Augen. Die mussten sich erst noch an das Licht gewöhnen, das sie nun anmachte. Gestern Abend war es spät geworden.

Noch lange hatten sie und ihr Mann in der Küche gesessen und den Sommerurlaub geplant. Sie hatten Listen geschrieben mit allem, was noch erledigt und besorgt werden musste. Heute, am Samstag, hätten sie rein theoretisch ein Stündchen länger schlafen können. Rein theoretisch, denn praktisch sah es so aus, dass sie hinunter in die Küche gingen, einen starken Kaffee kochten und Frühstück machten.

Eigentlich war es kein Wunder, dass die Kinder so früh wach waren. Das war zu erwarten gewesen. Heute war nun mal ein ganz besonderer Tag, auf den sich die ganze Familie so lange gefreut hatte. Nach Wochen des Wartens konnten sie nun ihren Wohnwagen, die Bürstner Omi, von der Campingwelt Werner Worowski abholen. Vorher war es nicht möglich gewesen, da erst noch ein passendes Auto gekauft werden musste, welches die Omi auch bewegen konnte. Die Omi war lang und schwer und das alte Auto der Lindwehrs schaffte es nicht. Nun stand ein großer roter Siebensitzer in der Hofeinfahrt. Er bot allen Familienmitgliedern genügend Platz und konnte die Bürstner Omi locker ziehen.

Ob es aber auch wirklich klappte, sollte sich in ein paar Stunden herausstellen. Nämlich dann, wenn sie die Omi ankuppeln und mitnehmen würden.

Bis es aber soweit war, wollten sie erst einmal richtig wach werden und mit einem ausgiebigen Frühstück gemütlich in den Tag starten.
Es gab natürlich nur ein Thema am Frühstückstisch.
Welches das wohl war …?

Erwachen auf dem Platz

Auch auf dem Verkaufsgelände der Campingwelt war die Nacht vorbei, die wie es schien, viel zu kurz gewesen war.

Ein Wohnwagen nach dem anderen erwachte. Jeder reckte und streckte sich von rechts nach links und von oben nach unten. Aber es nützte nichts. Bald würden die ersten Kunden auf dem Platz erscheinen und jeder Wohnwagen wollte sich von seiner besten Seite präsentieren. Auch die Bürstner Omi öffnete langsam ihre Augen. Erst das eine, dann das andere. Sie blinzelte verschlafen gegen die Sonne.

Bei dem Versuch, sich auch einmal ausgiebig zu recken und zu strecken, zuckte sie jedoch zusammen. „Autsch!" Das tat weh. Die Erinnerung an die vergangene Nacht kam schlagartig zurück. So richtig gut ging es ihr noch nicht. „Guten Morgen!", hörte sie ihren Freund Knolle sagen. „Wie ist dein Befinden?" „Guten Morgen, Knolle. Ich weiß nicht so recht.

Irgendwie habe ich Dachweh. Hatschiii!“, machte es und die Omi musste niesen. „Hoffentlich habe ich mich nicht auch noch erkältet. Das würde ja gerade noch fehlen.“ Knolle sah seine Freundin an. „Dass dein Dach schmerzt, ist auch kein Wunder. Das hat ganz schön was aushalten müssen.“ Die Bürstner Omi hoffte, dass Werner Worowski bald kommen und noch einmal alles kontrollieren würde. Eigentlich war sie es ja gewohnt, geduldig zu sein. In diesem Fall aber konnte es ihr nicht schnell genug gehen. Sie wollte Gewissheit haben, dass der gestrige Zwischenfall keine bösen Folgen hatte.

Zweifel überkamen sie. Was, wenn sie doch noch enttäuscht werden würde? Es wäre nicht das erste Mal gewesen. Sie musste an die letzten ereignisreichen Wochen zurückdenken. Vorbei waren die Zeiten, in denen sie einsam war, von Kunden ausgelacht und von den anderen Wohnwagen geärgert wurde, weil sie anders war als die anderen.

Mittlerweile wurde sie respektiert und anerkannt, hatte sogar Freunde gefunden auf dem Verkaufsgelände. Vor allem sie und Knolle waren ein Herz und eine Seele geworden. Knolle riss die Bürstner Omi aus ihren Gedanken. „Sieh Omi, Herr Worowski kommt aus dem Haus. Er kommt zu uns.“

Omi in Sorge

„Guten Morgen, alle miteinander!“ Der Wohnwagenhändler hob die Hand zum Gruß. „Ich hoffe, ihr habt den Schrecken der letzten Nacht alle verdaut und es geht euch gut.“ Er wandte sich der Omi zu, stieg noch einmal auf ihr Dach und nahm auch im Inneren noch einmal alles genau unter die Lupe.
Er nickte zufrieden. „Wie sieht es aus, Herr Worowski? Ist alles in Ordnung mit mir?“
„Du hast wirklich großes Glück gehabt. Es hätte weitaus schlimmer ausgehen können. Ich kann auch jetzt bei Tageslicht keine Schäden erkennen. Über die Kratzer werde ich die Familie gleich informieren. Aber die sind wirklich nicht dramatisch.“

Die Omi atmete erleichtert auf.
„Hatschi!“, machte es. Sie musste wieder niesen und bebte dabei so sehr, dass Werner Worowski, der sich an ihre Tür gelehnt hatte, vor Schreck fast umgefallen wäre.
„Nanu Omi, du hast dich doch nicht etwa erkältet bei dem Regen gestern? Zum Glück scheint jetzt die Sonne. Aber es ist noch etwas frisch.

Eigentlich wollte ich dich ja noch einmal abspritzen, den Rest an Spuren beseitigen, die das schlechte Wetter gestern hinterlassen hat.
Aber vielleicht wäre es besser, damit noch zu warten, bis es im Laufe des Tages etwas wärmer geworden ist, damit du nicht noch richtig krank wirst. Den Lindwehrs macht es bestimmt nichts aus, wenn du nicht ganz so blitzblank bist.“

„Na, hoffentlich! Schmutzig – und dann auch noch mit Kratzern.“
Erneute Zweifel machten sich breit.
„Sie werden es verstehen und froh sein, dass es dir gut geht.“
Werner Worowski lächelte optimistisch. „So, Omi – nun muss ich mich beeilen. Wir sehen uns gleich.“

Der Wohnwagenhändler ging zu seinen Verkaufsräumen und hatte noch einiges zu tun, bis seine Campingwelt ihre Tore öffnete.

Das Wiedersehen

Pünktlich um neun Uhr war es dann so weit: Geschäftsbeginn.
Die Bürstner Omi war in der Zwischenzeit zum Eingang gezogen worden. Dort wartete sie nun, ungeduldig auf ihren Reifen zitternd und wackelnd, mit dem Wohnwagenhändler darauf, dass sie von ihrer neuen Familie abgeholt wurde.

„Haben wir auch nichts vergessen, Herr Worowski?", erkundigte sie sich zur Sicherheit noch einmal.
„Ich habe alles eingepackt, was wir vereinbart hatten", antwortete er.
„Du hast TÜV, du hast deine Gasprüfung bestanden, ich habe das Campingzubehör verstaut und deine Papiere bereitgelegt.
Gleich geht es los in dein neues Leben."

Kaum hatte Werner Worowski den letzten Satz beendet, bekam die Bürstner Omi auf einmal ganz große Augen: „Da kommen sie, ich sehe meine Familie!"
Für die Lindwehr-Kinder gab es kein Halten mehr. Sie stürmten direkt auf ihren Wohnwagen zu.
Sogar der kleine Pepe rannte, so schnell seine kleinen Beinchen konnten.

Dann wurde die Omi umarmt, soweit dies mit den kurzen Kinderarmen möglich war. Pepe verteilte Küsschen auf die Außenwand und die Lampen. Die Omi war glücklich, schloss die Augen und genoss einfach, wie sehr man sich offensichtlich auf sie gefreut hatte.

Was für eine stürmische und liebevolle Begrüßung! Werner Worowski berichtete dem Ehepaar von der nächtlichen Unruhe und den Kratzern. Er erzählte davon, dass zwar noch ein paar kleine Spuren zu sehen seien, die mit etwas Wasser aber leicht zu beseitigen wären. Die Lindwehrs begutachteten alles und bemerkten, wie nervös die Omi plötzlich wurde.

Paul Lindwehr lächelte und sagte die erlösenden Worte: „Nur ruhig, Omi, es ist alles gut. Hättet ihr uns nicht darauf aufmerksam gemacht, wären uns die kleinen Kratzer gar nicht aufgefallen. Du glaubst doch nicht wirklich, dass wir dich deshalb hier stehenlassen würden? Und wenn es heute Nachmittag schön warm ist, wirst du gewaschen und vorbereitet, denn schon morgen soll es losgehen.
Unser erster gemeinsamer Urlaub wird uns an die ostfriesische Nordseeküste führen, nach Bensersiel."

Die Omi konnte kaum glauben, was sie da hörte. Damit hatte sie nicht gerechnet. Sie war in diesem Moment der glücklichste Wohnwagen der Welt. Sie strahlte.

Nun meldete sich ihr Freund Knolle, der auch schon in den Startlöchern stand und als nächstes abgeholt werden sollte: „Denkt an die Handynummern!"

„Oh ja, das hätten wir in der Aufregung fast vergessen."
Werner Worowski fragte die Lindwehrs, ob er Knolles neuen Besitzern ihre Handynummer geben dürfte, damit die zwei Wohnwagenfreunde in Kontakt bleiben könnten und sich nicht ganz aus den Augen verlieren würden.
„Was für eine schöne Idee!", fand das Ehepaar Lindwehr und schloss nicht aus, dass vielleicht irgendwann einmal ein Treffen möglich wäre. Die Bürstner Omi und Knolle waren begeistert von der Idee.

Der Abschied

Nun wurde es Zeit, sich zu verabschieden.
Papa Paul kuppelte die Omi an das neue Auto. „Alles einsteigen, alles anschnallen", forderte Mama Maike ihre Kinder auf. Jetzt war er da, der Moment, um „Auf Wiedersehen" zu sagen.

Und es sollte ein Wiedersehen geben. Das hatten sich alle vorgenommen. Werner Worowski versprach, Familie Lindwehr und die Bürstner Omi zu besuchen.

„Mach es gut, meine liebe alte Omi", flüsterte er leise und strich ihr noch einmal über die Seite. „Ich wünsche dir alles Glück der Welt, unvergessliche Momente, traumhafte Urlaube und ganz viel gemeinsame Zeit mit deiner neuen Familie." Die Omi konnte kaum antworten.
Ihre Stimme versagte und sie brachte nur ein leises „Danke" hervor.

Nun stiegen auch die Eltern ins Auto, das sich sogleich in Bewegung setzte. Alle Fenster öffneten sich und winkende Arme streckten sich heraus. Papa Paul hupte dreimal.
Im Rückspiegel waren die aufblinkenden Lichter der anderen Wohnwagen zu sehen und man hörte sie rufen: „Alles Gute, liebe Omi, lass mal was von dir hören und vergiss uns nicht!“

Werner Worowski sah dem Gespann nach, bis es hinter einer Kurve verschwunden war.

Dann schritt er langsam in sein Büro. Der ganz normale Alltag in seiner Campingwelt musste ja nun weitergehen. Und die Ablenkung würde ihm guttun.

Die Heimfahrt

Während der Wohnwagenhändler seiner Arbeit nachging, genoss Familie Lindwehr die Heimfahrt. Ständig schauten sich alle um, kontrollierten, ob alles in Ordnung war bei der Bürstner Omi. „Alles wunderbar“, bestätigte diese immer wieder. „Es geht mir soooo guuuut. Ist das nicht alles herrlich?“

Die Omi hatte das Gefühl, überzuschäumen vor Glück. So viele neue Eindrücke strömten auf sie ein. Für sie war es völlig fremd, auf einer Straße zu fahren. Immer wieder musste sie nach rechts und links schauen, sog alles in sich auf, was sie sah. Die Städte mit ihren vielen Autos und Menschen, die Landstraßen und die vorbeiziehenden Bäume und Felder. All das, was für andere Wohnwagen selbstverständlich war – für sie war es eine völlig neue und besondere Erfahrung.

Seit geraumer Zeit folgte ihnen ein weiteres Wohnwagengespann. Die Omi hörte den anderen Wohnwagen vor sich hin schimpfen. Was genau er sagte, konnte sie nicht verstehen. Sie musste sich

schließlich darauf konzentrieren, ordentlich hinter dem Auto der Familie Lindwehr herzulaufen, nicht zu sehr ins Schlingern zu geraten und so gut wie möglich in der Spur zu bleiben. Aber das Wort „Schrotthaufen“ hörte sie genau. Und sie ahnte, wer damit gemeint war. Sie ließ sich dadurch aber nicht aus der Ruhe bringen. Nach ein paar Kilometern stoppten die Wohnwagengespanne an einer roten Ampel.

Der Bürstner Omi entging nicht der grimmige Blick des nagelneuen großen Wohnwagens, der nun rechts neben ihr stand, um abzubiegen. Wieder schimpfte dieser und nun hörte die Omi es laut und deutlich: „Wie kann man so einen alten Wohnwagen überhaupt noch auf die Straße lassen? So etwas müsste verboten werden. Schrotthaufen!“

Da war es wieder, dieses Wort, das sie früher schon oft gehört hatte. Sie erinnerte sich daran, wie sehr diese Beleidigungen sie immer getroffen hatten.

Mittlerweile hatte sie an Selbstbewusstsein dazugewonnen. Es machte ihr dieses Mal nichts aus. Und so konnte sie es sich nicht verkneifen, sich einmal richtig groß zu machen und dem unfreundlichen Wohnwagen kurz die Zunge herauszustrecken, als die Ampel auf Grün umschaltete und sich das Auto der Lindwehrs wieder in Bewegung setzte.

„Tja“, dachte sie bei sich. „Da kann man noch so hübsch und neu sein, glücklicher ist man deshalb nicht unbedingt. Da bin ich lieber alt und habe eine tolle Familie und mit Sicherheit ein ebenso tolles Zuhause, auf das ich so neugierig bin.“

Das neue Zuhause

„Wir sind da!“, verkündete Papa Paul. Er zeigte auf ein Haus mit roten Klinkersteinen und roten Dachziegeln. Die weißen Sprossenfenster wurden von grauen Fensterläden umrahmt. In Kübeln und Beeten wuchsen die buntesten Blumen.

Paul stellte das Wohnwagengespann erst einmal vor dem weißen Gartenzaun ab.
Die Bürstner Omi atmete einmal tief durch. Das war es nun, ihr neues Zuhause. Sie hatte immer versucht, es sich vorzustellen. Aber es war noch viel schöner, als sie gedacht hatte. Neben dem Haus stand ein großer Schuppen. Über dem grauen Tor hing ein Plakat:

„HERZLICH WILLKOMMEN liebe Bürstner Omi“, stand in bunten Buchstaben darauf.

Luftballons in vielen Formen flatterten an einem gespannten Seil im Wind hin und her. „Ohhh“, staunte die Omi. „Ist das für mich?“ „Ja, das haben wir für dich gemacht“, bestätigte Piet. „Anni und Alma haben die Buchstaben geschrieben und die Herzchen-Sticker aufgeklebt. Ich habe zusammen mit Pepe alles farbig angemalt. Na ja, Pepe hat es versucht. Mama hat die Luftballons aufgepustet und Papa hat die Ballons und das Schild aufgehängt. Also haben alle mitgeholfen.“ „Freust du dich?“, wollte Anni wissen. Na, und wie sich die Bürstner Omi freute!

Das große Packen

Viel Zeit zum Durchatmen hatten weder die Lindwehrs noch die Bürstner Omi. Es gab noch so viel zu tun. Mama Maike war schon seit Tagen damit beschäftigt, Wäsche zu waschen und auch alles andere bereitzulegen, mit dem der Wohnwagen bestückt werden sollte.

Im Haus herrschte das reinste Chaos. Überall lag etwas herum. Stapelweise Hosen und Pullover, T-Shirts und Jacken, jede Menge Schuhe und Lebensmittel in Wäschekörben. Die Reiseapotheke musste auch noch mit. Krank werden konnte man schließlich auch im Urlaub. So wanderten allerlei Tabletten, Kügelchen, Säfte, Salben und Verbandsmaterial in einen Schuhkarton.

Die Kinder hatten den Auftrag bekommen, Spielzeug auszuwählen, das sie mitnehmen wollten. Sogar der kleine Pepe kramte in seiner Kiste und suchte einige Bauklötze heraus. „Mami! Mami!“, riefen die Zwillingsmädchen Anni und Alma. „Piet will seine Ritterburg mitnehmen. Dürfen wir dann auch unser Puppenhaus einpacken?“ Im selben Moment hörte man ein lautes Poltern.

Da lag sie nun, die Ritterburg, auf den Treppenstufen verteilt, zerbrochen in alle Einzelteile. Ein erschrockener Piet stand oben und schaute auf das Trümmerfeld herab. „Ich … ich … wollte doch nur die Ritterburg in die Bürstner Omi bringen“, stotterte er. Tränen kullerten über seine Wangen, als Mama Maike, die schnell herbeigeeilt kam, ihn tröstend in die Arme nahm.

„Wie wäre es denn mit Legosteinen anstatt der Ritterburg, mit Puppen anstatt dem ganzen Haus? Dann ein paar kleine Autos, mit denen ihr euch alle gerne beschäftigt. Ihr könnt euch außerdem Bücher, Gesellschaftsspiele, Malbücher und Stifte aussuchen."
Mit dem Vorschlag waren alle einverstanden.

Während im Haus fleißig weiter gepackt wurde, war Paul Lindwehr draußen dabei, die Bürstner Omi zu waschen. Er stand auf der Leiter, schäumte sie ein und spritzte sie dann von oben bis unten ab. Die Sonne schien warm vom blauen Himmel und die Omi genoss ihr Wohnwagen-Wellness-Programm.

„Uiiii, das kitzelt!", quietschte sie vor Vergnügen. Der Familienvater musste aufpassen, dass er nicht selbst ganz nass wurde, da sich die Omi ständig schütteln musste vor Lachen. Sie war ja sooo kitzelig.

„Jetzt können wir gleich mal testen, ob du wirklich noch ganz dicht bist", scherzte Papa Paul. Die Omi glaubte, sich verhört zu haben, wusste aber, dass diese Bemerkung wohl nicht ganz ernst gemeint war. „Natürlich bin ich dicht“, antwortete sie daher gespielt empört. „Alles geprüft, bevor ich zu euch gekommen bin. Werner Worowski hat mich noch einmal gründlich unter die Lupe genommen. Keine Mängel.“ „Weiß ich doch“, zwinkerte Paul der Omi zu, die sogleich wieder besänftigt war.

Blitzblank war die Omi nun und strahlte mit der Sonne um die Wette, als die ersten Kisten eingeladen wurden. Der alte Wohnwagen wusste gar nicht, wo er zuerst hinschauen sollte. Überall wurde so gepackt, geräumt und gestopft, dass auch alles passte. Anni, Alma, Piet und Pepe waren gerade dabei, sich in ihrem Wohnwagen-Kinderzimmer einzurichten, als Paul Lindwehr hinzukam.

„Kinder, denkt bitte daran, dass nichts in den Regalen liegen darf. Das muss zunächst alles in den Schränken verschwinden und kann erst dann hingestellt werden, wenn wir in Bensersiel angekommen sind. Sonst fällt es während der Fahrt herunter. Packt die schweren Sachen nach unten und die leichten nach oben. Es muss sicher verstaut sein. Ich komme nachher noch einmal, um alles zu kontrollieren.“

Die Kinder taten, was ihnen gesagt wurde. Sie wollten schließlich nicht, dass etwas von ihrem Spielzeug kaputtging. So verging Stunde um Stunde. Irgendwann schien es geschafft zu sein. Im Haus befand sich nichts mehr, was aussah, als müsste es noch in den Wohnwagen gebracht werden.

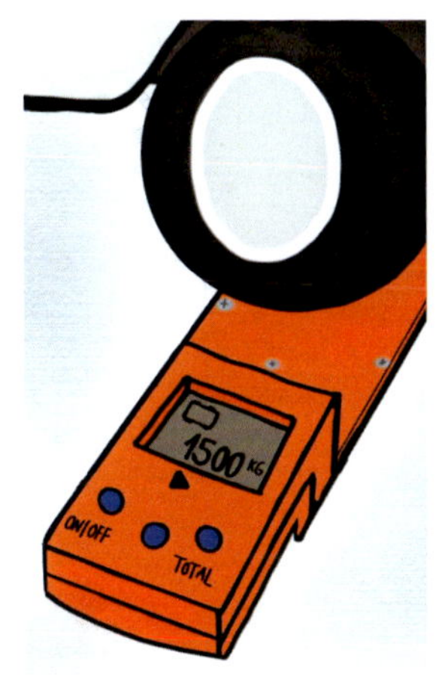

„Du meine Güte! Wir wollten doch nur das Nötigste mitnehmen. Ist das jetzt das Nötigste?“, wollte Paul Lindwehr wissen. Er schlug die Hände über dem Kopf zusammen. „Wir müssen aufpassen, dass wir nicht überladen sind. Sonst fährt das Gepäck mit und ihr müsst zu Hause bleiben, weil alles zu schwer ist.“ Die Kinder schauten ihren Papa mit großen Augen an. Natürlich war das nicht ernst gemeint. Dennoch musste man auf das Gewicht achten und dieses richtig auf den Wohnwagen verteilen.

Mittlerweile war es Abend geworden. Anni, Alma, Piet und Pepe lagen bereits in ihren Betten, da es morgen früh sehr zeitig losgehen sollte. Maike und Paul Lindwehr saßen in der Bürstner Omi an ihrem Tisch. Die Müdigkeit war ihnen anzusehen. Sie hatten ihre Checkliste vor sich liegen und gingen noch einmal durch, ob sie auch an alles gedacht hatten.

- *Vorzelt*
- *Campingmöbel*
- *Spielzeug, Sandspielzeug Fahrräder, Roller Küchenutensilien*
- *Handys, Ladekabel*
- *Werkzeug*
- *Hosen, Shorts, T-Shirts, Pullover*
- *Sweatjacken, Fleecejacken*
- *Kleider, Röcke*
- *Socken, Unterwäsche*
- *Medikamente Lebensmittel, Kulturbeutel*
- *Jacken, Buddelhosen, Regenjacken*
- *dünne Mützen/Caps*
- *Geschirr, Töpfe, Pfannen*
- *Waschpulver*
- *Badesachen, Handtücher*
- *Gummistiefel, Schuhe*

„Alles komplett! Die Bürstner Omi ist startklar“, stellten sie erleichtert fest. Vor Freude hätte diese gerne einen Hüpfer auf ihren Reifen gemacht. So fertig gepackt und bei dem Gewicht war das aber gar nicht möglich. Zum Glück, denn sonst wäre sicherlich das eine oder andere in den Schränken hin und her gewirbelt. Und sie wollte doch nicht, dass schon vor der Abfahrt etwas kaputt ging.

Also freute sie sich innerlich. Sie freute sich über ihre Familie, über den schönen Tag und darüber, dass alle genauso aufgeregt und gespannt waren auf den gemeinsamen Urlaub wie sie selbst.

„So, Omi – das war ein langer, aufregender und anstrengender Tag heute. Lasst uns nun auch schlafen gehen“, sagte Maike Lindwehr und konnte ein Gähnen nicht unterdrücken. Ihr Mann stimmte ihr zu. Nachdem sie sich von der Bürstner Omi verabschiedet hatten, gingen sie Arm in Arm ins Haus. Die Omi merkte erst jetzt, wie müde auch sie war. Heute Nacht würde sie bestimmt gut schlafen können.

Und hieß es nicht, dass das, was man in der ersten Nacht im neuen Zuhause träumt, in Erfüllung geht? Noch während die Bürstner Omi darüber nachdachte und in den Sternenhimmel schaute, wurden ihre Augen ganz schwer. Im nächsten Moment fiel sie in einen tiefen Schlaf.

Bensersiel, wir kommen!

Es war noch früh am anderen Morgen, als Papa Paul die Bürstner Omi ankuppelte, noch einmal Licht, Bremslicht und die Blinker des Wohnwagens kontrollierte und beruhigt feststellte, dass alles in Ordnung war. Die Familie saß angeschnallt im Auto. „Auf geht's! Nordsee, wir kommen!“, jubelten alle aufgeregt und voller Vorfreude.

Die Omi platzte vor Stolz, als sie, ganz ruhig hinter dem Auto herlaufend, Richtung Norden fuhr. Sie genoss es in vollen Zügen, konnte sich gar nicht satt sehen an der Landschaft, die immer flacher wurde, je näher sie ihrem Ziel kamen. Windräder, Wiesen, Felder, alte Bauernhäuser in typisch ostfriesischem Stil und die ersten Windmühlen sausten an ihr vorbei.

Nordseeheilbad
Bensersiel
Stadt Esens
Landkreis Wittmund
Zollgrenzbezirk

Nach zweieinhalb Stunden Fahrt sahen sie das Ortsschild von Bensersiel.

Sie kamen an den ersten Ferienwohnungen und Hotels vorbei, an kleinen Restaurants und Geschäften, die alle mit großen Augen bestaunt wurden.

Nachdem sie durch die Einfahrt der Deichbrücke gefahren waren, sahen sie den Hafen mit seinen Ausflugsschiffen und Fischkuttern. „Können wir da einmal mitfahren?“, wollte Alma wissen. „Und wohin fahren die Schiffe überhaupt?“, fragte Piet.
„Es werden wohl unterschiedliche Fahrten angeboten“, erklärte Mama Maike, die sich vorher etwas informiert hatte. „Fahrten zu den Seehundbänken, Piratenfahrten oder Fahrten zur Insel Langeoog.

Auch mit dem Fischkutter kann man hinausfahren. Es wird gezeigt, wie man Krabben fängt und diese pult.“ „Igitt, das hört sich ja ekelig an.“ Anni verzog das Gesicht. „Das weißt du doch gar nicht“, warf Papa Paul ein. „Krabben sind die Delikatesse der Nordsee und es ist bestimmt interessant zu erfahren, wie die Krabben auf unsere Teller kommen.“ „Ich möchte Seehunde sehen, die sind niedlich“, sagte Alma. „Und ich möchte ein Pirat sein!“, rief Piet dazwischen. „Nun lasst uns doch erst einmal ankommen“, mahnten die Eltern.

So bog Papa Paul in Richtung Campingplatz ab, wo er sich an der langen Einfahrt in die Warteschlange einreihte. Es herrschte ein reger Betrieb in dem kleinen reetdachgedeckten Häuschen, in dem die Campingplatzverwaltung untergebracht war. Hier musste sich jeder Neuankömmling anmelden.
Die Bürstner Omi wurde nun doch etwas nervös. Sie reckte sich nach allen Seiten, konnte aber nichts sehen, da ihr die Sicht durch die vor ihr stehenden Fahrzeuge versperrt wurde. Es half nichts, sie musste sich gedulden und so beobachtete sie, wie nach und nach Wohnwagen für Wohnwagen durch

die sich öffnende Schranke auf das Campingplatzgelände fuhr. Sie rückten immer mehr auf und nach einer Weile hatten sie es geschafft, standen ganz vorne und hatten freie Sicht. Die Bürstner Omi entdeckte die ersten Wohnmobile, die direkt hinter dem Eingang links am Deich standen. Sie hörte fröhliches Gelächter, Musik und das Geschrei einiger Möwen.

Papa Paul stieg aus dem Auto, betrat die Campingplatzverwaltung und kam kurze Zeit später mit allen Unterlagen zurück, die ihm Insa, eine freundliche Mitarbeiterin ausgehändigt hatte. Er stieg ins Auto und fuhr bis an die weiße Linie kurz vor der Schranke.
Diese öffnete sich und die Bürstner Omi rollte unter dem Jubel der Lindwehr-Kinder hindurch. Sie waren angekommen auf dem Familiencampingplatz Bensersiel. Sie konnte es kaum erwarten, das Meer zu sehen. Gleich war es soweit. Nur noch ein paar Meter trennten sie und ihre Familie vom Strand und von der Nordsee.
Dann konnte der Urlaub so richtig beginnen.

Bereits erschienen:

Die Bürstner Omi

und der Traum vom Glück

verfasst und illustriert von Tanja Landwehr

Preis: 9,90 Euro

Umfang: 36 Seiten

ISBN: 978-3-941163-40-9

Erhältlich über den Buchhandel und versandkostenfrei online unter **www.soeker-druckshop.de**